Shimon Gesundheit
„Sie ist nicht im Himmel" (Dtn 30,12)

Centrum Orbis Orientalis et Occidentalis (CORO)
Zentrum für Antike und Orient

Akademie der Wissenschaften zu Göttingen
Georg-August-Universität Göttingen

Julius-Wellhausen-Vorlesung

Herausgegeben von
Reinhard G. Kratz und Rudolf Smend

Heft 7

De Gruyter

Shimon Gesundheit

„Sie ist nicht im Himmel" (Dtn 30,12)

Der menschliche Umgang mit der göttlichen Tora
im jüdischen Schrifttum

De Gruyter

ISBN 978-3-11-065093-8
e-ISBN (PDF) 978-3-11-065435-6
e-ISBN (EPUB) 978-3-11-065110-2
ISSN 1867-2213

Bibliografische Information der Deutschen Nationalbibliothek

Die Deutsche Nationalbibliothek verzeichnet diese Publikation in der Deutschen Nationalbibliografie; detaillierte bibliografische Daten sind im Internet über http://dnb.dnb.de abrufbar.

© 2019 Walter de Gruyter GmbH, Berlin/Boston
Druck: CPI Books, Leck

www.degruyter.com

Inhalt

Reinhard Kratz
Einführung VII

Shimon Gesundheit
„Sie ist nicht im Himmel" (Dtn 30,12)
Der menschliche Umgang mit der göttlichen Tora im jüdischen Schrifttum
   1. Einführung 1
   2. Der Kult als Symbolsprache 5
   3. Die Tora als „das wahre praktische Evangelium" 8
   4. Das Studium der Tora als Offenbarung 13
   5. Fazit 22

Einführung

Reinhard Kratz

Georg-August-Universität Göttingen

Sehr verehrter Herr Vizepräsident der Akademie,
meine Damen und Herren,

in der vergangenen Woche fand in Göttingen zum zehnten Mal das jährliche Treffen der Hebräischen Universität Jerusalem und der Georgia Augusta statt. Die Praxis dieses Treffens geht auf die 1970er und 1980er Jahre zurück und wurde nach einer längeren Pause 2006 – anlässlich der Gründung des (von Herrn Fritz bereits vorgestellten) Centrum Orbis Orientalis et Occidentalis (CORO) im Dezember 2005 – wieder aufgenommen. Gleichzeitig wurde – ebenfalls im Rahmen des CORO – 2007 die Julius-Wellhausen-Vorlesung ins Leben gerufen. Auch sie findet in diesem Jahr zum zehnten Mal statt. Es ist eine schöne Koinzidenz, dass zu dem Jubiläum beider Aktivitäten des CORO der Leiter der Delegation aus Jerusalem, Prof. Shimon Gesundheit, heute auch der Redner der Julius-Wellhausen-Vorlesung ist, den ich hiermit ganz herzlich begrüße und dem ich dafür danke, dass er unsere Einladung nach Göttingen angenommen hat. Shimon, wir freuen uns außerordentlich, dass Du und Dein Team in dieser Woche bei uns seid. Und wir wissen es sehr zu schätzen, dass Du dich bereit erklärt hast, die Vorlesung am üblichen Termin, dem Freitagabend oder Erev Shabbat, zu halten.

Das Treffen der beiden Universitäten wurde in diesem Jahr von den Bibelwissenschaften ausgerichtet und ging über eine der bedeutendsten Figuren ihres Fachs: den deutsch-jüdischen Bibelforscher und liberalen Rabbiner Benno Jacob. Das Thema hat einen eminenten Bezug zu Göttingen und dem Namensgeber der Julius-Wellhausen-Vorlesung.

Benno Jacob wirkte zwischen 1891–1906 als Rabbiner an der Göttinger Synagoge in der Oberen Masch. Die Synagoge wurde 1938 von den Nationalsozialisten niedergebrannt, woran heute das Mahnmal am Platz der Synagoge erinnert und eine jährliche Gedenkstunde zum 9. November an diesem Mahnmal, die von der Göttinger Gesellschaft für Jüdisch-Christliche Zusammenarbeit ausgerichtet wird.

Zur selben Zeit, in der Benno Jacob Rabbiner in Göttingen war, kehrte Julius Wellhausen nach Göttingen zurück und übernahm hier den Lehrstuhl für orientalische Sprachen an der Philosophischen Fakultät. Obwohl sie rund fünfzehn Jahre am selben Ort wohnten, scheinen sich die beiden selten oder nie persönlich begegnet zu sein. Das einzige Zeugnis darüber (s. u. S. 2) lässt sich weder durch Äußerungen von Benno Jacob noch von Julius Wellhausen selbst bestätigen. Doch standen sie fachlich in Beziehung zueinander. Benno Jacob war einer der schärfsten Kritiker von Julius Wellhausen und seiner Quellenhypothese zum Pentateuch.

Doch mit einigem Abstand betrachtet, sind sich die beiden näher gewesen als ihnen bewusst war und vielleicht auch lieb gewesen wäre. Beide richteten sich nämlich gegen eine mechanische Art der Quellenscheidung, wie sie vor Wellhauen üblich war und von einigen auch heute noch oder wieder praktiziert wird. Beide sind damit, ungewollt oder gewollt, Vorläufer der modernen Kritik an der Quellenhypothese und Wegbereiter für die Alternativen zur Erklärung des Pentateuchs geworden, die heute in der Forschung diskutiert werden.

Von Göttingen folgte Benno Jacob einem Ruf als Rabbiner an die große Synagoge in Dortmund. Nach seinem Ruhestand wohnte er in Hamburg und floh 1939 vor den Nationalsozialisten aus Deutschland nach England, wo er 1945 im Alter von 83 Jahren verstarb. Er hat einen großen literarischen Nachlass von unveröffentlichten Manuskripten hinterlassen, die heute in den Vereinigten Staaten lagern. Und um eben diesen Nachlass kümmert sich der Redner der diesjährigen Julius-Wellhausen-Vorlesung. Shimon Gesundheit und sein Team geben im Rahmen eines von der *Israeli Science Foundation* (ISF) finanzierten Forschungsprojekts die unveröffentlichten Manuskripte aus dem Nachlass von Benno Jacob heraus. Kürzlich wurde von der *Deutschen Forschungsgemeinschaft* (DFG) ein Anschlussprojekt genehmigt, das Shimon Gesundheit zusammen mit uns in Göttingen durchführen wird.

Dass sich Shimon Gesundheit des Nachlasses von Benno Jacob angenommen hat, ist ihm gewissermaßen in die Wiege gelegt. Shimon Gesundheit ist in Basel aufgewachsen und daher mit der deutschen Sprache und Wissenschaftstradition bestens vertraut. Zum Studium ging er nach Israel, das ihm zur Heimat wurde. Hier ließ er sich zunächst zum Rabbiner und Religionslehrer ausbilden, bevor er ein Studium an der Hebräischen Universität in Jerusalem aufnahm. Im Jahre 2000 wurde er mit einer Arbeit über die Feste Israels in der Hebräischen Bibel promoviert. Nach Gastprofessuren in Hamburg und in Harvard (University und Divinity School) ist er seit 2002 zunächst als Lecturer, dann als Senior Lecturer an der Hebräischen Universität in Jerusalem tätig, wo er zwischendurch zahlreiche namhafte Fellowships erhielt.

Auch seine Arbeiten zur Hebräischen Bibel lassen erkennen, dass Shimon Gesundheit genau der richtige Mann für die Bearbeitung des Nachlasses von Benno Jacob ist. Die englische Fassung seiner Dissertation trägt den Titel „Three Times a Year: Studies on Festival Legislation in the Pentateuch" und ist 2012 in der renommierten Reihe Forschungen zum Alten Testament (FAT) bei Mohr Siebeck in Tübingen erschienen. Es handelt sich also um eine Arbeit über den Pentateuch, die Tora. Bei dem methodischen Ansatz der Textexegese, den Gesundheit in seiner Dissertation und in vielen anderen Arbeiten verfolgt, ist immer wieder die Nähe zu Benno Jacob zu spüren, und doch geht er gleichzeitig ganz andere Wege. Und diese anderen Wege qualifizieren ihn in besonderer Weise als Redner der Julius-Wellhausen-Vorlesung.

Um es in einem Wort zu sagen: In Shimon Gesundheit haben wir beide, er ist ein Benno Jacob und ein Julius Wellhausen in einem. Und es ist diese Mischung, die Shimon Gesundheit auszeichnet und ihn zu einer der gewichtigsten Stimmen in der modernen Pentateuchforschung macht. Wie Benno Jacob ist er Bibelforscher und Rabbiner und behandelt seinen Gegenstand, den Pentateuch, nicht nur unter literarhistorischen, sondern auch unter religionsgeschichtlichen und theologischen Gesichtspunkten. So ist er einer der wenigen jüdischen Forscher, die sich – in der Auseinandersetzung mit christlichen Entwürfen einer biblischen Theologie – die Frage nach einer jüdischen Theologie der Hebräischen Bibel stellen. Und wie Benno Jacob lässt sich auch Shimon Gesundheit bei seiner Lektüre des Bibeltexts von den mittelalterlichen rabbinischen Kommentaren und ihren feinen Beobachtungen, Fragen und Erklärungen zum überlieferten Text inspirieren.

Andererseits ist Shimon Gesundheit auch sehr stark von der modernen, historisch-kritischen Exegese im Stil von Julius Wellhausen geprägt. Anders als Benno Jacob verzichtet er nicht auf die Analyse der literarischen Schichten des Pentateuchs, auch wenn er dabei nicht der Quellenhypothese folgt, sondern eher – wie Wellhausen – mit vielfachen Bearbeitungen und Fortschreibungen älterer Stadien des Pentateuchs rechnet. Auf diese Weise verbindet Shimon Gesundheit die beiden Leseweisen, die man in der Forschung synchron und diachron nennt. So nimmt er auf der einen Seite den Bibeltext als literarische Einheit wahr, auf die sich auch die spätere jüdische und christliche Auslegungstradition bezieht. Auf der anderen Seite fragt er nach dem literarischen Wachstum und der Geschichte des Bibeltextes, in der sich die biblischen Texte gewissermaßen selbst permanent auslegen, bis sie das Stadium der vorliegenden Hebräischen Bibel erreicht haben.

In seinem Vortrag am heutigen Abend greift Shimon Gesundheit das grundsätzliche hermeneutische Problem auf, das hinter den beiden Leseweisen des Bibeltextes steht: In der Tradition (sei sie jüdisch oder christlich) gilt die Hebräische Bibel und insbesondere die Tora als heiliger Text, das offenbarte Wort Gottes. Doch in der Auslegung der Tradition wie der Wissenschaft wird der Bibeltext mit menschlichen Mitteln und nach menschlichen Kategorien ausgelegt. Wie sich beides zueinander verhält, wird uns nun Shimon Gesundheit darlegen in seinem Vortrag: „'Sie ist nicht im Himmel': Der menschliche Umgang der göttlichen Tora im jüdischen Schrifttum."

„Sie ist nicht im Himmel" (Dtn 30,12)
Der menschliche Umgang mit der göttlichen Tora im jüdischen Schrifttum

Shimon Gesundheit
Hebrew University Jerusalem

1. Einführung

Benno Jacob und Julius Wellhausen lebten eine Zeit lang in direkter Nachbarschaft nebeneinander und doch trennten sie Welten. 1891 wurde Benno Jacob als Rabbiner nach Göttingen berufen, wo er bis zu seinem Weggang nach Dortmund 1906 insgesamt 15 Jahre lebte und forschte. Julius Wellhausen nahm 1892 nach dem Tod von Paul de Lagarde den Ruf auf den Göttinger Lehrstuhl für orientalische Sprachen an. In den 14 Jahren, in denen Benno Jacob und Julius Wellhausen gleichzeitig am selben Ort lebten, war die Universitätsstadt „Göttingen – anders als heute – ein ‚Dorf'. Man lief sich leicht über den Weg und die Küche der Gerüchte dampfte schnell. Aber das gesellschaftliche Leben verlief stark segmentiert"[1]. Rabbiner Max Eschelbacher, der 1913 Nachfolger Leo Baecks in der jüdischen Gemeinde Düsseldorfs wurde und Benno Jacob vermutlich erst in dieser Zeit, als dieser Rabbiner in Dortmund war, kennenlernte,[2] berichtet von einem direkten Kontakt beider miteinander: „Er [Benno Jacob – S.G.] war ja viele Jahre Rabbiner in Göttingen, einem Zentrum der modernen Bibelwissenschaft, im

---

1 Berndt Schaller, *Benno Jacob. Rabbiner in Göttingen (1891–1906)* (Göttingen: Universitätsverlag, 2017), 27.
2 Vgl. Schaller, *Jacob*, 33.

Besonderen der modernen Phase der Pentateuchkritik. Er stand in persönlicher Beziehung zu ihrem Meister, Julius Wellhausen. Dass dieser Ideen, die Jacob ihm vorgetragen hat, als ‚ingeniös' bezeichnete, hat ihm wohlgetan und sein Vertrauen in seine Forschung nicht wenig gestärkt."[3] Benno Jacob würdigt Julius Wellhausen zwar als maßgebende Größe der kritischen Bibelwissenschaft, stand dieser aber mehr als kritisch gegenüber und hinterfragte ihre Ergebnisse.[4]

Benno Jacobs Forschungen und Kommentare, die von Martin Buber und anderen als „Meisterleistung"[5] gewürdigt wurden, stellten einen ersten grundlegenden Versuch dar, der diachron, literarkritisch ausgerichteten modernen Exegese des Alten Testaments ein ernstzunehmendes Gegengewicht entgegenzusetzen. Das Studium des Midrasch hat sein Augenmerk für intertextuelle Querbezüge und literarische Anspielungen sensibilisiert. Die verschiedenen Ansätze der antiken und mittelalterlichen jüdischen Hermeneutik für eine moderne, – mit den Worten Franz Rosenzweigs – „neualte"[6] Bibelexegese fruchtbar zu machen, war Benno Jacobs wegweisende Pionierleistung. Er hat in seinem exegetischen Werk das „close reading" biblischer Texte in ihrer Endgestalt entdeckt und mit seiner werkimmanenten Interpretation ging er auch dem Zeitgeist der allgemeinen Literaturwissenschaft weit voraus.[7]

Die Auseinandersetzung mit der literarkritischen Erforschung der Bibel war in den Augen Benno Jacobs „gegenwärtig die eigentliche

---

[3] Max Eschelbacher, „Benno Jacob (1862–1945)," *Tradition und Erneuerung* 14 (1962): 210–215, 215. Benno Jacobs Enkel Walter Jacob verweist zudem auf einen Brief Benno Jacobs Tochter Hanna Loewenthal, in dem sie dies ebenso bestätigt (vgl. Walter Jacob, „The Life and Work of Benno Jacob," in *Die Exegese hat das erste Wort*, Hg. Walter Jacob und Almuth Jürgensen (Stuttgart: Calwer, 2002), 11–31, 14. In den von Rudolf Smend gesammelten und herausgegebenen Briefen Julius Wellhausens lassen sich keine Hinweise auf einen solchen Kontakt finden (vgl. Rudolf Smend, Hg., *Julius Wellhausen: Briefe* [Tübingen: Mohr Siebeck, 2013]).

[4] Vgl. bereits Benno Jacob, „Dogmatische Pseudowissenschaft," *AZJ* 63 (1899): 31–34, 34.

[5] Bernd Janowski und Erich Zenger, „Ein Klassiker der Schriftauslegung. Zu Benno Jacobs Genesis-Kommentar," in *Das Buch Genesis*, Benno Jacob (Stuttgart: Calwer, 2000), 1–3, 1.

[6] Franz Rosenzweig, *Kleinere Schriften* (Berlin: Schocken, 1937), 524.

[7] Vgl. Shimon Gesundheit, „Bibelkritische Elemente in der Exegese Benno -Jacobs," in *Die Exegese hat das erste Wort*, Hg. Walter Jacob und Almuth Jürgensen (Stuttgart: Calwer, 2002), 98–110, 110.

Lebensfrage für das Judentum"⁸. Seine Polemik und seine Apologetik gegenüber der literarkritischen Exegese der Bibel sind vor ihrem geschichtlichen Hintergrund zu betrachten. Als Erwiderung auf eine 1939 erschienene englischsprachige Rezension seines Genesis-Kommentars, in der Teile seiner Auslegungen als „sheer apologetics" ⁹ beschrieben wurden, schrieb Benno Jacob:

> Has anybody considered what share in the immense suffering brought recently on mankind and on the Jewish people in particular has to be accredited to the modern German-Protestant science of the Old Testament? It sounds paradoxical, yet the connection can be shown in a few lines. It is certain that Hitler came into power only by his anti-Semitism. In order to arouse fanatical hatred against the Jews and to prepare spiritually for the brutal atrocities against them many inhibitions had first to be eliminated from the hearts of the German people [...]. What had been believed of the Jews in former times had been a 'great deception' [Anspielung auf Friedrich Delitzsch, Die grosse Täuschung, Berlin 1920 – S.G.]. The Jews did not deserve esteem but unlimited contempt and bottomless hatred. Their patriarchs had been deceivers and villains, their God a tribal idol, their religion a dissolute and low superstition, the nation entering Canaan a gang of robbers, and Jesus not a Jew at all, but an Aryan. [...] Then Hitler came and made his henchmen draw the practical consequences. [...] In commenting on the first book of the Jewish and Christian Holy Scriptures, I had to deal with this satisfactorily; I have already dared to pronounce this in the preface (published in Germany on the 13th Dec. 1933!). These are my apologetics.¹⁰

---

8 Benno Jacob, „Erwiderung auf Herrn S. Jampel," *MGWJ* 55 (1911): 114–119, 118f.
9 Joseph Reider, Rezension zu „B. Jacob, Das erste Buch der Tora Genesis," *JQR* 30 (1939): 189–190, 190.
10 Benno Jacobs Erwiderung auf Joseph Reiders Rezension wurde damals aus unbekannten Gründen nicht veröffentlicht und wird zurzeit als Teil seines exegetischen Nachlasses zur Veröffentlichung durch das Benno-Jacob-Editionsprojekt in Jerusalem und Göttingen vorbereitet. In der Einleitung zu seinem Genesis-Kommentar hatte Benno Jacob über antisemitische Tendenzen in der modernen Bibelwissenschaft Folgendes geschrieben: „Dieser Kommentar will und soll ein jüdischer sein, das soll heißen: von einem Sohne des Volkes verfaßt, für das die Tora geschrieben ist, läßt er sich nicht von vornherein das Verständnis durch die Zielsetzung oder stillschweigende Voraussetzung verbauen, daß das ‚alte' Testament nur Vorbereitung auf ein ‚neues' sei und erst in diesem die Vollendung und seinen wahren Sinn finde. Noch weniger hat er selbstverständlich mit einer Denkweise gemein, welche das Alte Testament als Zeugnis

Als Benno Jacob diese Zeilen schrieb, war er bereits nach London ins Exil geflüchtet, wo er – enttäuscht über sein deutsches Heimatland – 1945 starb.[11]

Benno Jacob verstand sich in erster Linie als Exeget – und nicht als Theologe oder gar Historiker. Sein wissenschaftliches Schaffen konzentrierte sich auf die Auslegung und Interpretation der Bibel, gemäß seinem Diktum: „[D]ie Exegese hat das erste Wort."[12] Aber er beschäftigte sich in seinen Exegesen auf der Suche nach der Botschaft der Bibel

---

und Erzeugnis einer minderwertigen Rasse betrachtet, einer Denkweise, die hier und da auch in die (deutsche) biblische Wissenschaft Eingang gefunden hat, so daß eine Herabwürdigung des Juden und seiner heiligen Schrift sich auf angeblich sachverständige Gewährsmänner glaubt berufen zu dürfen. […] Ihr gegenüber kann das Judentum mit einem seinen Ursprung nicht verleugnenden Christentum, das das Alte Testament gleichfalls hochhält und verteidigt, eine gemeinsame Front bilden und für solche Bundesgenossenschaft und Hilfe wollen wir von Herzen dankbar sein." (Benno Jacob, *Das Buch Genesis* [Stuttgart: Calwer, 2000], 10–11).

11 Ebenso wie seine Worte müssen auch Julius Wellhausens Bemerkungen über Judentum und Juden vor ihrem geschichtlichen Hintergrund und angesichts seiner Persönlichkeit gesehen werden (vgl. dazu Rudolf Smend, „Wellhausen und das Judentum," *ZThK* 79 [1982]: 249–282). Ernst Bloch sah in ihm „den radikalen Zuspitzer und antisemitischen Epigonen der Bibelkritik" (Ernst Bloch, *Das Prinzip Hoffnung* [Frankfurt: Suhrkamp, 1959], 1452). Dieses Urteil basiert aber weniger auf dem Werk Julius Wellhausens als der negativen Sicht Ernst Blochs auf die historisch-kritische Bibelwissenschaft, der er eine antisemitische Gesinnung vorwarf. Hermann Cohen, ein langjähriger kollegialer Freund Julius Wellhausens schrieb hingegen in seinem Nachruf, dass ihm „Menschenhaß auch in der historisch-nationalen Form des Judenhasses innerlich zuwider war" (Hermann Cohen, „Julius Wellhausen. Ein Abschiedsgruß," in *Jüdische Schriften*, Bd. 2, Hg. Bruno Strauss, Veröffentlichungen der Akademie für die Wissenschaft des Judentums [Berlin: C. A. Schwetschke, 1924), 463–468, 466]. Nach der Durchsicht der Veröffentlichungen Julius Wellhausen und seiner privaten Korrespondenzen kommt Rudolf Smend zu dem Schluss: „Unter den Motiven, die seine [Julius Wellhausens – S.G.] Geschichtsschreibung bestimmt haben, tritt eine spezifisch antijüdische Voreingenommenheit nicht hervor." (Smend, „Wellhausen": 282); vgl. auch Herbert Ferdinand Hahn, „Wellhausen's Interpretation of Israel's Religious History," in *Essays on Jewish Life and Throught*. FS Salo Wittmayer Baron, Hg. Joseph Leon Blau (New York: Columbia University Press, 1959), 299–308, 302: „Certainly he [Julius Wellhausen – S.G.] was not motivated by an animus toward Judaism."

12 Benno Jacob, *Quellenscheidung und Exegese im Pentateuch* (Leipzig: M. W. Kaufmann, 1916), Vorwort.

auch mit allgemeineren theologischen Themen. Auch hier stand er meist im Widerspruch zu Julius Wellhausen und anderen Vertretern der protestantischen Wissenschaft des Alten Testaments. Beispielhaft soll dies im Folgenden anhand von drei Themenblöcken verdeutlicht werden: der Kult als Symbolsprache; die Tora als das „wahre praktische Evangelium"; das Studium der Tora als Offenbarung.

2. Der Kult als Symbolsprache

Im Buch Exodus findet sich eine ausführliche Beschreibung des portablen Heiligtums in der Wüste (Ex 25–31; 35-40). Nach einem intensiven Studium und einer über 200 Seiten umfassenden sehr detaillierten Abhandlung über den Aufbau des Heiligtums schreibt Benno Jacob über dessen Geschichtlichkeit in seinem in Göttingen entstandenen Buch „Der Pentateuch. Exegetisch-kritische Studien":

> Seine Absicht [des Verfassers – S.G.] ging [...] dahin, [...] gewisse religiöse Gedanken auf den feinsten, klarsten und knappsten Ausdruck zu bringen. Seine Darstellung ist eine konsequente Idealisierung und Systematisierung des Kultus, nicht eine geschichtlich treue Beschreibung. Er ist ein Theologe, nicht ein Historiker. [...] Die Stiftshütte ist eine systematische, aber freilich eben deswegen ganz unhistorische Bearbeitung alter Kultuseinrichtungen [...]. Das Heiligtum hat also in solcher Gestalt nicht existiert. Und das ist seine Größe. Denn sonst wäre es kein Ideal. Es stellt die über der Wirklichkeit stehende Idee dar, so rein und voll wie sie das Leben nie zulässt. – Im zweiten Tempel gab es bekanntlich keine Lade. Das Allerheiligste war leer. Aber war damit nicht das ganze Heiligtum hinfällig und z. B. die Sühnefeier am Versöhnungstage gegenstandslos? Im Gegenteil! Es ist das glänzendste Zeugnis für den Geist des nachexilischen Judentums, das es einen Tempel baute, obgleich es keine Lade und keine steinernen Tafeln samt der Kapporet mehr hatte. Die gedachte Lade ist dasselbe wie die reale. Die Versöhnung ist nicht abhängig von dem substantiellen Kasten und den Steintafeln. So denkt eine Religion des Geistes. Ihre Tempel können in Trümmer zerfallen, ihre Ideen leben ewig.[13]

---

13 Benno Jacob, *Der Pentateuch. Exegetisch-kritische Forschungen* (Leipzig: Veit & Comp, 1905), 344–346.

Im Gegensatz zum religionsgeschichtlichem Ansatz, das Heiligtum Israels in einen historischen Kontext einzubetten, um auf der Suche nach Parallelen zu ähnlichen Heiligtümern anderer Kulturen im Alten Orient eine möglichst ähnliche Bedeutung eines sehr konkreten anthropomorphischen Kultes zu ergründen, betrachtete Benno Jacob diese biblischen Texte hingegen als „ganz unhistorische Bearbeitung alter Kultuseinrichtungen" eines Heiligtums, das „in solcher Gestalt nicht existiert" hat.[14] Der biblische Autor war nicht Historiker, sondern Theologe, dessen Darstellung keine „geschichtlich treue Beschreibung" ist. Stattdessen entdeckt er in der Beschreibung der Einzelheiten der kultischen Gegenstände eine abstrakte Symbolsprache, welche in den detaillierten Angaben der Maße, den Materialien und der gesamten Architektur des Heiligtums zum Ausdruck kommt. Ebenso sind die beschriebenen Rituale des Heiligtums nichts Anderes als „eine konsequente Idealisierung und Systematisierung des Kultus". So wird die Sühne am Versöhnungstag, dem Jom Kippur, nicht wirklich durch die beschriebenen konkreten Handlungen im Heiligtum erzielt. Vielmehr drückt die biblische Beschreibung in symbolischer Sprache „über der Wirklichkeit stehende" Ideen aus.

Meines Erachtens nach wird auch heute oft übersehen, dass eine Exegese, die nach der Symbolik des biblischen Opferkultes fragt, nicht unbedingt homiletisch oder gar unwissenschaftlich ist. Als Beispiel soll die Auslegung einiger Verse aus Lev 16 dienen, einem zweifellos späten Kapitel – auch innerhalb der späten Priesterschrift. Diese Verse stehen in der Mitte der kanonischen Gestalt des Pentateuchs und beschreiben das in später Zeit wichtigste Ritual im Heiligtum, dessen Entsühnung, am Tag des Jom Kippur:

> Und wenn er [der Hohepriester Aaron – S.G.] die Entsühnung des Heiligtums vollbracht hat, der Stiftshütte und des Altars, so soll er den lebendigen Bock herzubringen. Dann soll Aaron seine beiden Hände auf dessen Kopf legen und über ihm bekennen alle Missetat der Israeliten

---

14 Julius Wellhausen sah hingegen in der Beschreibung des Zeltheiligtums „eine Kopie" des salomonischen Tempels, die zum Zweck der Kultzentralisation in die Wüstenzeit projiziert wurde; siehe Julius Wellhausen, *Prolegomena zur Geschichte Israels* (Berlin: G. Reimer, [5]1899), 37. – Vgl. Raik Heckl, „Ein vollendeter Text für den Surrogat-Tempel. Struktur, Chronologie und Funktion des Pentateuchs im Anschluss an Benno Jacob," *ZABR* 22 (2016): 185–221, 191f.

und alle ihre Übertretungen, mit denen sie sich versündigt haben, und soll sie dem Bock auf den Kopf legen und ihn durch einen Mann, der bereitsteht, in die Wüste bringen lassen, dass also der Bock alle ihre Missetat auf sich nehme und in die Wildnis trage; und man schicke ihn in die Wüste.[15]

וְכִלָּה מִכַּפֵּר אֶת־הַקֹּדֶשׁ וְאֶת־אֹהֶל מוֹעֵד וְאֶת־הַמִּזְבֵּחַ וְהִקְרִיב אֶת־הַשָּׂעִיר הֶחָי: וְסָמַךְ אַהֲרֹן אֶת־שְׁתֵּי יָדָו עַל רֹאשׁ הַשָּׂעִיר הַחַי וְהִתְוַדָּה עָלָיו אֶת־כָּל־עֲוֺנֹת בְּנֵי יִשְׂרָאֵל וְאֶת־כָּל־פִּשְׁעֵיהֶם לְכָל־חַטֹּאתָם וְנָתַן אֹתָם עַל־רֹאשׁ הַשָּׂעִיר וְשִׁלַּח בְּיַד־אִישׁ עִתִּי הַמִּדְבָּרָה: וְנָשָׂא הַשָּׂעִיר עָלָיו אֶת־כָּל־עֲוֺנֹתָם אֶל־אֶרֶץ גְּזֵרָה וְשִׁלַּח אֶת־הַשָּׂעִיר בַּמִּדְבָּר:

Der in Lev 16,20–22 beschriebene Eliminationsritus des Sündenbocks kann nur als eine symbolische Handlung verstanden werden. Denn der Text spricht ausdrücklich von einer symbolischen Handauflegung des Priesters, durch welche die Sünden Israels auf den Kopf des Bocks „gelegt" werden, welcher dann die Sünden in die Wüste „wegtragen" soll.

Gemäß dem Wortlaut des biblischen Textes und im Gegensatz zur Auslegung in der jüdischen und christlichen Tradition wird der Sündenbock nicht getötet. Bereits Philo von Alexandrien verwies darauf, dass der Sündenbock gemäß Lev 16,20–22 nicht getötet wird, sondern weiterlebt.[16] Der Sinn dieses Rituals ist, dass die Sühne nicht durch den Tod eines Opfers erlangt wird, denn Sünden können nicht einfach aus der Welt geschaffen werden. Um Sühne zu erlangen, muss ein Bewusstseinsprozess in Gang gebracht werden, welcher mit dem Bekennen beginnt: Aaron soll alle Missetat der Israeliten und alle ihre Übertretungen, mit denen sie sich versündigt haben, bekennen. Erst nach dieser Verbalisierung kann der erste Schritt der Distanzierung von der Sünde gemacht werden. Nachdem die Sünden ausgesprochen wurden, können sie zwar nicht aus der Welt geschaffen werden, doch sie können aus unserem Bewusstsein entfernt werden, also in die Wüste, in ein Niemandsland gebracht werden, wo sie zwar weiterexistieren, aber dem menschlichen Bewusstsein, das sich von ihnen gereinigt und entfernt

---

15 Diese und die folgenden Bibelübersetzungen stammen aus der Lutherbibel von 1984.
16 Vgl. Philo, *Plant.* 6. – Gemäß der rabbinischen Tradition wurde der Sündenbock getötet, indem er einen steilen Abhang hinuntergestoßen wurde (m. Yoma 6,6), vgl. dazu ausführlich Jacob Milgrom, *Leviticus 1–16*. AB 3 (New York: Doubleday, 1991), 1040–1046. In der frühen christlichen Tradition vergleicht Tertullian die beiden gemäß Lev 16 geopferten Böcke mit dem Leiden und Sterben Jesu (Marc 3,7.7; Adv. Jud. 14,9).

hat, keinen Schaden mehr bereiten. Diese vorrabbinische und vorchristliche Lektüre des biblischen Textes wirkt realistischer als die traditionelle Auffassung, dass Sünden aus der Welt geschaffen oder rückgängig gemacht werden können.

3. Die Tora als „das wahre praktische Evangelium"

Dem im Christentum immer wieder anzutreffenden Kontrast zwischen der Tora als Gesetz und dem Evangelium als Freiheit hat sich Benno Jacob mit einer Würdigung des Gesetzesbegriffs entgegengestellt:

> Wenn jüdische Theologen sich gegen die Übersetzung des Wortes Thora durch „Gesetz" und die Kennzeichnung des Judentums als einer Gesetzesreligion sträuben, so geschieht dies in Opposition gegen die unverkennbare Absicht, Thora und Judentum dadurch herabzusetzen. Als Religion des starren von außen auferlegten Gesetzes, das jedem das gleiche Tun anbefiehlt und die Persönlichkeit nicht würdigt, als äußerliche Satzung, die nur die vollzogene Tat verlangt also nur Werkdienst erzielt, ohne den inneren Menschen zu berühren, sei sie eine niedere Stufe einerseits gegenüber dem Christentum, dem Evangelium der Liebe und der Innerlichkeit, andrerseits gegenüber der autonomen philosophischen Moral der freien Persönlichkeit, die sich ihr Gesetz selbst gibt.[17]

Obwohl der Name Julius Wellhausens in diesem Zitat nicht erwähnt wird, ist Benno Jacobs Beschreibung dennoch sehr deutlich gegen dessen These der Herabwertung des Gesetzes im nachexilischen Judentum gerichtet. Benno Jacobs mit Pathos vorgetragene Antithese lautet:

> Das Gesetz ist nicht bloß ein zeitweiliger Erzieher für ein unmündiges Geschlecht sondern eine lebenslängliche Schule und Lebensordnung zur Übung aller Tugenden, die ein Volk gesund, stark und sittlich machen, es ist das wahre praktische Evangelium für alle Mühseligen und Beladenen, der göttliche Anwalt der Armen und Schutzlosen, die älteste und nie veraltende Verkündigung der Menschenrechte, die magna charta für Menschenwürde und Völkerglück, der großartigste sozialpolitische Entwurf, der je erdacht worden ist. Schon sind einige seiner Grundgedanken und Institutionen Gemeingut aller Völker des abendländischen

---

17 Benno Jacob, *Die Thora als Gesetz* [unveröffentlichter Vortrag].

Kulturkreises geworden, aber zu seiner vollen Verwirklichung mögen noch weitere Jahrtausende nötig sein.[18]

Seine Begeisterung und sein Stolz über das von Julius Wellhausen oft verpönte Gesetz ist unverkennbar. Er feiert es als „der großartigste sozialpolitische Entwurf, der je erdacht worden ist" und als „das wahre praktische Evangelium".[19] Julius Wellhausen hingegen betrachtete das Gesetz unter dem paulinischen Diktum „Das Gesetz ist zwischenein getreten"[20] (vgl. Röm 5,20).[21] Für ihn war der von ihm beschriebene Übergang vom vorexilischen prophetischen Freigeist zur Einengung durch den Kult und das Gesetz in nachexilischer Zeit zwar durch die Propheten als „Begründer der Religion des Gesetzes"[22] vorbereitet, aber doch ein „gewaltiger Rückschritt"[23]:

> Die Propheten fanden innerhalb des geistlichen Gemeinwesens keinen Spielraum mehr, das Gesetz verdrängte sie, die freie Rede erlag der festen Autorität der Schrift.[24]

Die Rabbinen wären mit dieser Diagnose einverstanden gewesen, doch hätten sie sich gegen Julius Wellhausens Werturteil gewehrt. Sie hatten nämlich nach der Zerstörung des Zweiten Tempels ganz bewusst die Idee neuer Prophetien außer Kraft gesetzt.[25] Mit dem Ziel ein neues

---

18 Jacob, *Thora*.
19 Man könnte bei diesem beachtenswerten Zitat Benno Jacobs an Franz Rosenzweigs Äußerung denken, dass er fast bei jedem Wort Benno Jacobs „den Pulsschlag der jüdischen Geistesgeschichte" fühlte (siehe Franz Rosenzweig, *Briefe*, Hg. Edith Rosenzweig [Berlin: Schocken, 1935], 400).
20 Dieses Bibelzitat setzt Julius Wellhausen dem dritten und letzten Teil „Israel und das Judentum" seiner „Prolegomena zur Geschichte Israels" voran (vgl. Wellhausen, *Prolegomena*, 369).
21 Vgl. dazu Smend, „Wellhausen": 258–261.
22 Julius Wellhausen. *Israelitische und jüdische Geschichte* (Berlin: G. Reimer, ³1897), 113.
23 Wellhausen, *Prolegomena*, 428.
24 Wellhausen, *Prolegomena*, 197–198.
25 Vgl. Sanh. 11a. – Eine ähnliche Entwicklung geschieht im Christentum des dritten Jahrhunderts. In den ersten beiden Jahrhunderten bildeten Prophetinnen und Propheten noch ein wichtiges Element der Kirche (vgl. Heinrich Kraft, „Vom Ende der urchristlichen Prophetie," in *Prophetic Vocation in the New Testament and Today*. Hg. Johannes Panagopoulos, NT.S 75 [Leiden: Brill, 1977], 162–185). Während Propheten in der Kirchenordnung der Didache (ca. 100 n. Chr.) noch positiv erwähnt werden (Did. 11–15), zeigt sich hier zugleich

10 „Sie ist nicht im Himmel" (Dtn 30,12)

Gemeinwesen aufzubauen, gewannen bereits in der Zeit der Restauration die Gruppe der Gesetzeslehrer bzw. Gesetzes*schüler* (תלמידי חכמים) an Einfluss. Im Gegensatz zu den aristokratischen Priestern bildeten sie eine offene intellektuelle Gruppe, welcher sich jeder aufgrund seiner Gelehrsamkeit und intellektueller Begabung anschließen konnte. Es waren sowohl Handwerker, Proselyten als auch Immigranten aus Babylonien dabei. Sie waren der Ansicht, dass Propheten und Leute, die sich als Messias ausgaben, der Restauration nicht dienlich waren. So wird von dem großen Restaurator Rabbi Jochanan ben Sakai überliefert, dass er zu sagen pflegte:

> Wenn Du gerade dabei bist [einen Baum] zu pflanzen und man Dir sagt: ‚Jetzt kommt gerade der Messias!' – pflanze zuerst [den Baum] und gehe erst nachher dem Messias entgegen![26]

הוא היה אומר: אם היתה הנטיעה בתוך ידך ויאמרו לך 'הרי משיח בא' - נטע את
הנטיעה ואחר כך צא והקבילו.

Das von den Rabbinen postulierte Ende der Prophetie und die damit einhergehende Fokussierung auf die Tora, sah Julius Wellhausen als Bestätigung seiner These, die er sogar durch einen Verweis auf den Midrasch stützte:

> Der Zugang zu Gott wurde durch die Etikette verschlossen, durch welche er ermöglicht werden sollte [...]. Es herrschte ein wahrer Götzendienst des Gesetzes. Gott selbst studierte in seinen Mußestunden die Thora und

---

bereits, dass die Funktion von Propheten auf Bischöfe und Diakone qua Amt überging (Did. 15,1). In den Auseinandersetzungen mit dem Montanismus geriet die neue Prophetie und ihre Propheten unter Verdacht, sodass im Folgenden die Echtheit jeglicher post-apostolischer Prophetie überhaupt bestritten wurde. Zukunftsorientierte Prophetie wird mit dem Kommen Jesu Christi als überflüssig angesehen. Der prophetische Anspruch geht auf diejenigen über, die der Gemeinde ihre Gegenwart und Zukunft aus den gegebenen Glaubensdokumenten der Tradition erklären: Prophetie wandelt sich zur belehrenden Auslegung (vgl. Matthias Wünsche, *Der Ausgang der urchristlichen Prophetie in der frühkatholischen Kirche. Untersuchungen zu den Apostolischen Vätern, den Apologeten, Irenäus von Lyon und dem antimontanistischen Anonymus* [Stuttgart: Calwer, 1997], 300–302).

26 Abot R. Nat. 31. Sofern nicht anders vermerkt, stammen folgende Übersetzungen vom Autor dieses Artikels.

las am Sabbath in der Bibel – so meinten die Rabbinen. Für sein Wirken in der Geschichte hatten sie kein Verständnis.[27]

Doch was bedeutet es, wenn die Rabbinen erzählen, dass Gott am Sabbat die Tora studiert und in der Bibel liest? Sie wollen damit in erzählerischer Form eine theologische Weltanschauung zum Ausdruck bringen: Eine Begegnung mit Gott ist auch nach der Zerstörung des Tempels und auch ohne Propheten möglich. Wenn Juden am Sabbat die Bibel studieren, dann wissen sie, dass Gott dasselbe tut. Das Bibelstudium wird also zum neuen Treffpunkt zwischen Gott und Mensch. Der Sabbat wird nach der Zerstörung des Heiligtums zur heiligen Zeit, oder mit den Worten Abraham Joshua Heschels zum „Heiligtum in der Zeit"[28].

Noch radikaler wird die Bedeutung der Tora im folgenden Midrasch zum Ausdruck gebracht:

> Es heißt: ‚Mich haben sie verlassen und meine Tora nicht bewahrt' (Jer 16,11) – Ich wünschte, dass sie mich verlassen hätten, doch meine Tora bewahrt hätten! Den wenn sie sich mit ihr beschäftigt hätten, hätte sie ihr Licht zum Guten umkehren lassen.[29]
>
> כתיב: "ואותי עזבו ואת תורתי לא שמרו" (ירמיה טז, יא). – הלוואי אותי עזבו ותורתי שמרו, מתוך שהיו מתעסקין בה המאור שבה מחזירן למוטב.

Auch die Opfer wurden nach der Zerstörung des Tempels durch das Gebet, die Toralesungen und Wohltätigkeit ersetzt. Letztes wurde besonders hervorgehoben:

> Als einmal Rabbi Jochanan ben Sakai aus Jerusalem hinausging, folgte ihm Rabbi Jehoschua und sah den zerstörten Tempel. Da sprach Rabbi Jehoschua: Wehe uns, denn er ist zerstört, der Ort, an welchem Israels Sünden gesühnt werden. Da erwiderte er ihm: Mein Sohn, dies soll Dir nicht weh tun, denn wir haben eine [andere] Sühne, welche ihr ebenbürtig ist! Welche ist es? – Die Wohltätigkeit! Denn es heißt: ‚Denn ich habe Lust an der Liebe und nicht am Opfer' (Hosea 6, 6).[30]
>
> פעם אחת היה רבן יוחנן בן זכאי יוצא מירושלים, והיה רבי יהושע הולך אחריו, וראה בית המקדש חרב. אמר רבי יהושע: אוי לנו על זה שהוא חרב, מקום שמכפרים בו עוונותיהם

---

27 Wellhausen, *Geschichte,* 297; vgl. Avodah Zarah 3b.
28 Abraham Joshua Herschel, *Der Schabbat – seine Bedeutung für den heutigen Menschen* (Neukirchen-Vluyn: Neukirchener Verlag, 1990), 25.
29 Midr. Klagelieder Rab. Peticha, 2.
30 Avot de-Rabbi Nathan, 4.

שלישראל. אמר לו: בני, אל ירע לך. יש לנו כפרה אחת שהיא כמותה, ואיזה? זה גמילות
חסדים. שנאמר: "כי חסד חפצתי ולא זבח" (הושע ו ,ו).

Es gehört zu Julius Wellhausens Größe und Schwäche, dass er nicht nur ein genial beobachtender Historiker war, sondern dass er Partei nahm und nach seiner persönlichen Weltanschauung urteilte. So ist das Gesetz für ihn zwar „concret gemachte[s] Ideal der Propheten"[31], zugleich jedoch auch eine Erstarrung der lebendigen Religion: „Der Schöpfer des Himmels und der Erde verpuppt sich in einer kleinlichen Heilsanstalt, der lebendige Gott steigt vom Thron zu Gunsten des Gesetzes. Das Gesetz drängt sich überall ein; es beherrscht und sperrt den Zugang zum Himmel, es regelt und verschließt das Verständnis des göttlichen Waltens auf Erden."[32] Julius Wellhausen präferierte das Lebendige gegenüber dem Erstarrten, das Natürliche gegenüber dem Künstlichen, das Ursprüngliche gegenüber dem Abgeleiteten oder Epigonalen, das Individuelle und das Originelle gegenüber der kollektiven Einheitlichkeit, das Freie gegenüber dem Institutionellen und Dogmatischen, das Intuitive gegenüber dem Systematischen, das Konkrete gegenüber dem Abstrakten.[33] Nichtsdestoweniger spricht er aber auch vom „Fortschritt" der späten Gesetze und meint damit ihre Läuterung und Distanzierung von – wie er schreibt – „allzu kindlichen, abergläubischen oder gar mythischen religiösen Vorstellungen"[34].

Julius Wellhausen beobachtet also oft Phänomene, die auch von den Rabbinen oder von Benno Jacob beschrieben wurden. Meist geschieht dies jedoch unter anderen Voraussetzungen und mit anderen Werturteilen. Doch manchmal gibt es auch in den Werturteilen überraschende Übereinstimmungen. So schreibt zum Beispiel Benno Jacob aus jüdischer Perspektive:

> Des Juden wahres Vaterland ist seine Thora und ihr Gesetz. Das ihm allein eigentümliche Zeremonialgesetz macht Israel zu einem besonderen ‚Volke', dem Volke Gottes [...]. Dieses Vaterland, diese Heimat der jüdischen Seele, ist unverlierbar und unabhängig von der wechselnden

---

31 Julius Wellhausen, „Abriss der Geschichte Israels und Judas," in *Skizzen und Vorarbeiten*, Bd. 1, Julius Wellhausen (Berlin: G. Reimer, 1884), 4–102, 88.
32 Wellhausen, „Abriss": 97.
33 Vgl. Smend, „Wellhausen": 265–266.
34 Wellhausen, *Prolegomena*, 341.

Gestaltung der Weltverhältnisse. Aus diesem Gotteslande können wir uns nur selbst verbannen, aber nie vertrieben werden.³⁵

Eine überraschend ähnliche Einschätzung finden wir bei Julius Wellhausen, welcher aus historisch beobachtender Perspektive die positive Bedeutung des Gesetzes hervorhebt:

> Die Geschichte lehrt, dass die Juden die schwere Probe bestanden haben, die ihnen auferlegt wurde. Die Sündflut, die sie zu ersäufen drohte, ist ihnen ein Bad der Wiedergeburt geworden. Sie sind nicht unter den Babyloniern aufgegangen, haben vielmehr damals in der Fremde die Fähigkeit erworben, die sie später auszeichnete, ihre nationale und religiöse Art, auch außerhalb des einheimischen Grund und Bodens, auf dem sie sonst allein gedieh, unter allen Umständen zu bewahren. [...] Aus den zerschmetterten Resten ihres untergegangenen Gemeinwesens stellten sie ein neues her, das den natürlichen Bedingungen eines Volkstumes entraten konnte. In dem Chaos des Weltreiches, in dem die Nationen und damit zugleich Religion und Sitte sich auflösten, standen sie fest wie ein Fels im Meer.³⁶

4. Das Studium der Tora als Offenbarung

Der Ausgangspunkt für die rabbinische Auffassung über das Studium der Tora ist für Benno Jacob die Erkenntnis, dass das Gesetz in der kanonischen Gestalt des Pentateuchs als göttliche Offenbarung dargestellt wird:³⁷

> Eine seiner bedeutsamsten Eigenheiten ist es, daß es [das Gesetz – S.G.] sich durchweg als Offenbarung und Forderung Gottes gibt. Die zehn Gebote, die auch hierin das Musterbeispiel sind, sind im Angesicht des ganzen Volkes vom Sinai herab verkündet worden, alle andren Gesetze hat zunächst Mose unmittelbar von Gott empfangen und dann dem Volke mitgeteilt. Dies Gesetz ist also nicht von Menschen erdacht, nicht von

---

35 Benno Jacob, „Zeremonial- und Sittengesetz," *Gemeindeblatt der jüdischen Gemeinde zu Berlin* 12/20 (1930), 545–551, 551.
36 Wellhausen, *Geschichte*, 144f.203.
37 Zur literarhistorischen Entwicklung dieses Gedankens innerhalb der Hebräischen Bibel siehe Konrad Schmid, „Divine Legislation in the Pentateuch in its Late Judean and Neo-Babylonian Context," in *The Fall of Jerusalem and the Rise of the Torah*, Hg. Peter Dubovský und Dominik Markl und Jean-Pierre Sonnet, FAT 107 (Tübingen: Mohr Siebeck, 2016), 129–153.

einem Herrscher und irdischen Gesetzgeber aufgestellt, nicht durch das Zusammenwirken mehrerer gesetzgebender Faktoren zustande gebracht, es stellt sich nicht als volkstümliche durch einen Beschluß legalisierte Sitte dar, sondern es ist ein göttliches Gebot, das seinen Ursprung und in seinem Verhältnis zum Menschen und zu Israel hat. Dies ist von der allergrößten Tragweite.[38]

In seiner Hervorhebung des biblischen Gesetzes als Offenbarung setzt sich Benno Jacob deutlich von Julius Wellhausen ab, welcher die göttliche Offenbarung nicht im Gesetz, sondern in der Prophetie sieht:

> Jahve erweckte keine Helden mehr, der Mund der Propheten schwieg, die Offenbarung war ein Buch geworden. Aus der freien Luft fühlen wir uns in ein Treibhaus versetzt.[39]

> Die Propheten reden nicht aus dem Gesetz, sondern aus dem Geist; Jahve spricht durch sie, nicht Moses. Ihre Thora ist ebensoviel wert als die Moses' und entspringt dem gleichen, perennierenden Quell. Das Wort Jahves ist das lebendige Wort in ihrem Munde, nichts ein für allemal Abgeschlossenes und Festgelegtes. Der Begriff einer schriftlichen Offenbarung ist ihnen fremd. Die Offenbarung ist kein hypostasiertes Abstraktum; sie besteht darin, daß Jahve von Moses an bis auf die Gegenwart dem Volke stets Boten erweckt und gesendet hat, die ihm den rechten Weg zeigen, wie es Zeit und Gelegenheit erfordern. Jahve hat nicht durch Moses ein für allemal sein Testament gemacht, sondern Moses ist nur der Anfänger einer langen Reihe von Nachfolgern, in denen Jahve lebendig fortwirkt, wie in ihm selber.[40]

Tatsächlich entspricht die Beschreibung der langen „Reihe von [Propheten-]Nachfolgern, in denen Jahve lebendig fortwirkt, wie in ihm selber", sehr genau der Ätiologie der Prophetie in Dtn 18,15–18:

> Einen Propheten wie mich wird dir der HERR, dein Gott, erwecken aus dir und aus deinen Brüdern; dem sollt ihr gehorchen. Ganz so wie du es von dem HERRN, deinem Gott, erbeten hast am Horeb am Tage der Versammlung und sprachst: Ich will hinfort nicht mehr hören die Stimme des HERRN, meines Gottes, und dies große Feuer nicht mehr sehen, damit ich nicht sterbe. Und der HERR sprach zu mir: Sie haben recht geredet. Ich will ihnen einen Propheten, wie du bist, erwecken aus ihren

---

38 Jacob, *Thora*.
39 Wellhausen, *Geschichte*, 203.
40 Julius Wellhausen, „Israelitische-jüdische Religion," in *Geschichte der christlichen Religion*, Hg. Paul Hinneberg, Die Kultur der Gegenwart Bd. 1 (Leipzig und Berlin: B.G. Teubner, ²1922), 5.

Brüdern und meine Worte in seinen Mund geben; der soll zu ihnen reden alles, was ich ihm gebieten werde.

נָבִיא מִקִּרְבְּךָ מֵאַחֶיךָ כָּמֹנִי יָקִים לְךָ יְהוָה אֱלֹהֶיךָ אֵלָיו תִּשְׁמָעוּן: כְּכֹל אֲשֶׁר־שָׁאַלְתָּ מֵעִם יְהוָה אֱלֹהֶיךָ בְּחֹרֵב בְּיוֹם הַקָּהָל לֵאמֹר לֹא אֹסֵף לִשְׁמֹעַ אֶת־קוֹל יְהוָה אֱלֹהָי וְאֶת־הָאֵשׁ הַגְּדֹלָה הַזֹּאת לֹא־אֶרְאֶה עוֹד וְלֹא אָמוּת: וַיֹּאמֶר יְהוָה אֵלָי הֵיטִיבוּ אֲשֶׁר דִּבֵּרוּ: נָבִיא אָקִים לָהֶם מִקֶּרֶב אֲחֵיהֶם כָּמוֹךָ וְנָתַתִּי דְבָרַי בְּפִיו וְדִבֶּר אֲלֵיהֶם אֵת כָּל־אֲשֶׁר אֲצַוֶּנּוּ:

Gemäß diesen Versen gibt es keinen Unterschied zwischen Mose und allen Propheten, die ihm folgten.[41] Die Prophetie ist die Fortsetzung der Offenbarung am Berg Horeb bzw. Sinai. Im rabbinischen Judentum wird die Tradition überliefert, dass nicht nur die schriftliche Tora am Berg Sinai offenbart wurde, sondern auch die mündliche, also die rabbinische Literatur. Sogar die Fragen, welche die Schüler einst ihren Lehrer im Lehrhaus fragen werden, wurden bereits am Sinai offenbart:

> Als sich der Heilige, gesegnet sei er, am Sinai offenbarte, um Israel die Tora zu geben, rezitierte er sie von Anfang bis Ende: Bibel, Mischna, Talmud und Agada, denn es heißt: „Gott sprach all diese Worte" (Exodus 20,1) – sogar was der Schüler seinen Lehrer fragen wird, hatte der Heilige, gesegnet sei er, Mose zu dieser Zeit [bereits] gesagt.[42]

בשעה שנגלה הקדוש ברוך הוא בסיני ליתן תורה לישראל, אמרה למשה על הסדר: מקרא ומשנה, תלמוד ואגדה, שנאמר: "וידבר אלהים את כל הדברים האלה" (שמות כ, א) – אפילו מה שהתלמיד שואל לרב, אמר הקדוש ברוך הוא למשה באותה שעה.

Wenn für Julius Wellhausen Moses „nur der Anfänger einer langen Reihe von [Propheten-] Nachfolgern [war], in denen Jahve lebendig fortwirkt, wie in ihm selber",[43] betrachteten die Rabbinen sich selbst und ihre Schüler als Nachfolger Moses und der biblischen Propheten. Nach dem Ende der Prophetie, vollzieht sich die Fortsetzung der

---

41 Demgegenüber betont Dtn 34,10: „Und es stand hinfort kein Prophet in Israel auf wie Mose, den der Herr gekannt hätte von Angesicht zu Angesicht." Dtn 34,10 steht zu Dtn 18,15–18 im Widerspruch und ist mit den Worten Joseph Blenkinsopps „a warning against reading Deut. 18:15–18 in such a way as to put Moses and the prophets who followed him on the same level" (Joseph Blenkinsopp, *Prophecy and Canon. A Contribution to the Study of Jewish -Origins*. Studies of Judaism and Christianity in Antiquity 3 [Notre Dame: University of Notre Dame Press 1977], 87); siehe dazu auch Shimon Gesundheit, „Das Land Israels als Mitte einer jüdischen Theologie der Tora. Synchrone und diachrone Perspektiven," *ZAW* 123 (2011): 325–335, 333.
42 Midr. Numeri Rab. 47,1.
43 Wellhausen, „Religion": 5.

Offenbarung vom Sinai im rabbinischen Lehrhaus. Es ist eine Art der Offenbarung, in welcher der Mensch, seine Rationalität, seine Gelehrsamkeit und das zwischenmenschliche Gespräch zum Zug kommen. Das Gesetz der Tora wird dabei nicht nur studiert und interpretiert, sondern auch neu ausgelegt und den wechselnden Bedingungen einer neuen Zeit angepasst. Benno Jacob identifizierte sich mit diesem dynamischen Ideal der Gesetzeshermeneutik auch in moderner Zeit. In folgender Beschreibung eines verstorbenen Rabbiner-Kollegen, scheint er auch seine eigene Weltanschauung zu beschreiben:

> Er hatte eine zu große, aufrichtige Verehrung für die Offenbarung Gottes in der menschlichen Vernunft, um ihr das Recht zu verkürzen, in der Bestimmung des Lehrinhaltes unserer Religion entscheidend mitzusprechen. Er ist Rationalist, wie es für einen Lehrer des Judentums eigentlich selbstverständlich ist. Er konnte nicht Sätzen und Gesetzen eine ewige Gültigkeit zuerkennen, nur weil sie alt seien, wenn sie der fortgeschrittenen Einsicht in den Zusammenhang der Dinge und einer geänderten Ordnung der menschlichen Gesellschaft widersprechen.[44]

Das Verhältnis von Offenbarung und menschlicher Rationalität, vom offenbarten Wort Gottes und dem menschlichen Umgang mit ihm wird im Babylonischen Talmud in zwei bemerkenswerten Geschichten thematisiert (Baba Mezia 59a–b und Menachot 29b).

4.1 Baba Mezia 59a–b

Dieser Text versetzt uns in ein jüdisches Lehrhaus des ersten Jahrhunderts n. Chr., wo sich Rabbi Eliezer, ein Schüler Rabbi Jochanan ben Sakais, gegen die Meinung der Mehrheit unter der Wortführung von Rabbi Jehoschua wendet:[45]

> Dort wird gelehrt: Hat man ihn in einzelne Ringe zerschnitten und Sand zwischen die Ringe getan, so ist er nach R. Eliêzer nicht verunreinigungs-

---

44 Benno Jacob, „Vorwort," in *Predigten, Betrachtungen und ausgewählte Gebete*. Benjamin Rippner, Hg. Benno Jacob (Berlin: M. Zulzer & Co., 1901), V–X, VII.

45 Vgl. zu Baba Mezia 59a–b die ausführliche Kommentierung in: Jeffrey L. Rubenstein, *Talmudic Stories. Narrative Art, Composition, and Culture* (Baltimore: Johns Hopkins University Press, 1999), 34–63.

fähig und nach den Weisen verunreinigungsfähig; das ist der Schlangenofen.[46]

תנן התם: חתכו חוליות ונתן חול בין חוליא לחוליא רבי אליעזר מטהר וחכמים מטמאין וזה הוא תנורו של עכנאי.

Es geht um einen Ofen, der wie ein Topf aussieht und aus Ton beschaffen ist. Um den Ofen zu erwärmen, wird er auf ein Feuer gestellt. Nun wurde ein Ofen dieser Art in einzelne Ringe zerschnitten und dann wieder zusammengeklebt, indem zwischen die Ringe Sand hineingegeben wurde, welcher mit Lehm bestrichen wurde, um das ganze zusammenzuhalten. Dieser Ofen oder Topf sah wie eine zusammengerollte Schlange aus. Die halachische Frage ist nun, ob dieser Ofen durch den Kontakt mit kultischer Unreinheit – z. B. Kontakt mit einem toten Körper eines Menschen oder Tieres – verunreinigt werden kann. Denn nur ein vollständiges Gefäß oder Gerät kann verunreinigt werden; ein zerbrochenes Gefäß kann nicht verunreinigt werden. Die Frage ist also: Gilt dieses zerschnittene und dann nachträglich zusammengeflickte Gefäß als zerbrochenes oder als vollständiges Gefäß?

Weshalb [heißt er] Schlangenofen? R. Jehuda erwiderte im Namen Šemuéls: Weil man ihn mit Worten gleich einer Schlange umringt hat […]

מאי עכנאי? - אמר רב יהודה אמר שמואל: שהקיפו דברים כעכנא זו [...]

Der anschauliche Name „Schlangenofen" wird nun neu-interpretiert: Der Ofen wird nicht „Schlangenofen" genannt, weil er wie eine zusammengerollte Schlange aussieht, sondern weil man ihn mit vielen Worten gleich einer Schlange umringt hat. Es war also für die Weisen des Talmuds offenbar ein höchst spannendes Thema, über welches sehr viel diskutiert wurde.

[…] schließlich erklären sie ihn als verunreinigungsfähig. Es wird gelehrt: An jenem Tag machte R. Eliêzer alle Einwendungen der Welt, man nahm sie von ihm aber nicht an.

[...] וטמאוהו. תנא: באותו היום השיב רבי אליעזר כל תשובות שבעולם ולא קיבלו הימנו.

---

46 Dieses Zitat und die folgenden stammen aus dem Babylonischen Talmud, Baba Mezia 59a–b gemäß der Übersetzung von Lazarus Goldschmidt, *Der Babylonische Talmud*, Bd. VI (Berlin: Jüdischer Verlag, 1906), 678–680.

„Sie ist nicht im Himmel" (Dtn 30,12)

Die Mehrheit der Weisen erklärt diesen Ofen also als verunreinigungsfähig. Rabbi Eliezer hingegen setzt sich ganz allein für die gegensätzliche Auffassung ein und argumentiert virtuos mit viel Scharfsinn und Quellenmaterial aus dem ganzen talmudischen Schrifttum, doch ohne Erfolg. Es gelingt ihm nicht, die anderen Weisen zu überzeugen:

> Hierauf sprach er: Wenn die Halakha so ist, wie ich lehre, so mag dies dieser Johannisbrotbaum beweisen! Da rückte der Johannisbrotbaum hundert Ellen von seinem Ort fort; manche sagen: vierhundert Ellen. Sie erwiderten: Man bringt keinen Beweis von einem Johannisbrotbaum. Hierauf sprach er ferner: Wenn die Halakha so ist, wie ich lehre, so mag dies der Wasserkanal beweisen! Da trat der Wasserkanal zurück.[47] Sie erwiderten: Man bringt keinen Beweis von einem Wasserkanal. Hierauf sprach er ferner: Wenn die Halakha so ist, wie ich lehre, so mögen dies die Wände des Lehrhauses beweisen! Da neigten sich die Wände des Lehrhauses [und drohten] einzustürzen. Da schrie sie R. Jehošuâ an [also der Wortführer der Mehrheit – S.G.] und sprach zu ihnen: Wenn die Gelehrten einander in der Halakha bekämpfen, was geht dies euch an! Sie stürzten hierauf nicht ein, wegen der Ehre R. Jehošuâs und richteten sich auch nicht gerade auf, wegen der Ehre R. Eliêzers; sie stehen noch geneigt. Darauf sprach er ferner: Wenn die Halakha so ist, wie ich lehre, so mag man dies aus dem Himmel beweisen! Da erscholl ein [himmlischer] Widerhall und sprach: Was habt ihr gegen R. Eliêzer; die Halakha ist stets nach ihm zu entscheiden. Da stand R. Jehošuâ auf und sprach: „Sie ist nicht im Himmel"! (Dtn 30,12) [das war das Ende der Diskussion und jetzt wird im Talmud darüber nachgedacht – S.G.] – Was heißt: sie ist nicht im Himmel? R. Jirmeja erwiderte: Die Gesetzeslehre ist bereits am Berg Sinaj verliehen worden; wir beachten diesen Widerhall [aus dem Himmel] nicht, da bereits vom Berg Sinaj her in der Gesetzeslehre geschrieben steht: „Nach der Mehrheit ist zu entscheiden" (Ex 23,3). R. Nathan traf Elijahu [also den biblischen Propheten Elija – S.G.] und fragte ihn, was der Heilige, gesegnet sei er, in dieser Stunde tat. Dieser erwiderte: Er freut sich [oder nach einer anderen Übersetzung: er lächelte – S.G.] und sprach: meine Kinder haben mich besiegt, meine Kinder haben mich besiegt.

אמר להם: אם הלכה כמותי - חרוב זה יוכיח. נעקר חרוב ממקומו מאה אמה, ואמרי לה: ארבע מאות אמה: אמרו לו: אין מביאין ראיה מן החרוב . חזר ואמר להם: אם הלכה כמותי - אמת המים יוכיח. חזרו אמת המים לאחוריהם. אמרו לו: אין מביאין ראיה מאמת המים. חזר ואמר להם: אם הלכה כמותי - כותלי בית המדרש יוכיחו. הטו כותלי בית המדרש

---

47 Näher am Text ist folgende Übersetzung: „Das Wasser floss in die umgekehrte Richtung von unten nach oben".

ליפול. גער בהם רבי יהושע, אמר להם: אם תלמידי חכמים מנצחים זה את זה בהלכה -
אתם מה טיבכם? לא נפלו מפני כבודו של רבי יהושע, ולא זקפו מפני כבודו של רבי
אליעזר, ועדין מטין ועומדין. חזר ואמר להם: אם הלכה כמותי - מן השמים יוכיחו. יצאתה
בת קול ואמרה: מה לכם אצל רבי אליעזר שהלכה כמותו בכל מקום! עמד רבי יהושע על
רגליו ואמר: לא בשמים היא. מאי [דברים ל'] לא בשמים היא? - אמר רבי ירמיה: שכבר
נתנה תורה מהר סיני. אין אנו משגיחין בבת קול, שכבר כתבת בהר סיני בתורה [שמות
כ"ג] אחרי רבים להטת. - אשכחיה רבי נתן לאליהו, אמר ליה: מאי עביד קודשא בריך
הוא בההיא שעתא? - אמר ליה: קא חייך ואמר נצחוני בני, נצחוני בני.

Diese lebendige und phantasievolle Geschichte illustriert, dass in der Zeit nach der Zerstörung des Tempels Wunder und Stimmen aus dem Himmel nicht mehr beachtet werden. Wer noch Kontakt zur Prophetie hat, kann dafür sogar vom biblischen Propheten Elija eine Betätigung hören. Denn der Prophet Elija bezeugt, dass Gott sich über diese Entwicklung freut und lächelnd sagt: „Meine Kinder haben mich besiegt!" Gott freut sich, dass seine Kinder nun selbständig entscheiden, aufgrund von Rationalität und nicht aufgrund von Wundern oder Stimmen aus dem Himmel. Sie entscheiden aufgrund von logischem Argumentieren und demokratischen Mehrheitsentscheid – obwohl in diesem Fall eigentlich die Minderheitenmeinung die richtige war. Doch die wahre Auslegung der göttlichen Tora ist nun nicht mehr die absolute und göttliche Wahrheit, sondern die menschliche Wahrheit, die aufgrund des menschlichen unvollkommenen Verstands erlangt wird; sie mag fehlerhaft oder sogar falsch sein, doch sie ist die einzige, die gilt. Die unvollkommene menschliche Wahrheit ergibt sich aus dem demokratischen und sachlichen Gespräch von Menschen.

4.2 Menachot 29b

R. Jehuda sagte im Namen Rabhs: Als Mošeh in die Höhe stieg, traf er den Heiligen, gesegnet sei er, dasitzen und Kränze für die Buchstaben winden. Da sprach er zu ihm: Herr der Welt, wer hält dich zurück?[48]

---

48 Diese Zitate und die folgenden stammen aus dem Babylonischen Talmud, -Menachot 29b gemäß der Übersetzung von Lazarus Goldschmidt, *Der Babylonische Talmud*, Bd. X (Berlin: Jüdischer Verlag, 1933), 514.

אמר רב יהודה אמר רב: בשעה שעלה משה למרום, מצאו להקב"ה שיושב וקושר כתרים
לאותיות, אמר לפניו: רבש"ע, מי מעכב על ידך?[49]

Der Talmud versetzt den Leser in die biblische Geschichte, in das Buch Exodus. Mose wartet auf dem Berg Sinai 40 Tage auf die Tora (gemäß der biblischen Geschichte eigentlich nur auf die steinernen Gesetzestafeln). Schließlich steigt er hinauf in den Himmel. Er trifft Gott und sieht, dass die göttliche Tora eigentlich schon vollständig geschrieben und vorbereitet ist, dass aber Gott gewissen Buchstaben offenbar als Verschönerung noch Kränze oder Häkchen hinzufügt, die man bis heute auch bei allen Torarollen in der Synagoge hinzufügt. Er fragt Gott, warum das Übergeben der Tora noch weiter verzögert werden muss, mit anderen Worten: Wozu die Kränze auf den Buchstaben?!

> Er erwiderte: Es ist ein Mann, der am Ende von vielen Generationen sein wird, namens Âquiba b. Joseph [also der berühmte Gelehrte Rabbi Akiba aus dem ersten Jahrhundert, der übrigens erst mit 40 Jahren begann, die Tora zu studieren – S.G.]; er wird dereinst über jedes Häkchen Haufen über Haufen von Lehren vortragen.

אמר לו: אדם אחד יש שעתיד להיות בסוף כמה דורות ועקיבא בן יוסף שמו, שעתיד לדרוש
על כל קוץ וקוץ תילין תילין של הלכות.

Rabbi Akiba wird also nicht nur die Worte und die Buchstaben der Torah auslegen, sondern auch die Häkchen auf den Buchstaben, und zwar sehr ausführlich – Haufen über Haufen von Lehren, die alle Auslegungen von nur einem einzigen kleinen Häkchen sind! Man mag sich an dieser Stelle fragen, ob Gott diese Lehren beabsichtigt und ihre Information bewusst in diesen Häkchen verschlüsselt. Mir scheint, dass die Geschichte das Gegenteil ausdrücken möchte, dass nämlich Gott nur die Häkchen oder Kränze der Buchstaben vorbereitet, jedoch die Auslegung ihrer Bedeutung ganz Rabbi Akiba überlässt und sich selbst von dessen Auslegung in der fernen Zukunft überraschen lassen möchte!

> Da sprach jener [Mose – S.G.] vor ihm: Herr der Welt, zeige ihn mir. [Mose möchte also Rabbi Akiba kennenlernen – S.G.] Er erwiderte: Dreh

---

49 Vgl. zu Menachot 29b Jonah Frankels ausführliche Kommentierung in: יונה פרנקל, *סיפור האגדה: אחדות של תוכן וצורה* (תל אביב: הקיבוץ המאוחד, 2001), 40–50 (Jonah Frankel, *Sippur ha-Aggadah – Achdut shel Tokhen ve-Tzura* [Tel Aviv: HaKibutz haMe'uchad, 2001], 40–50).

Das Studium der Tora als Offenbarung   21

dich um. Da kehrte er um und setzte sich hinter die achte Reihe; er verstand aber ihre Unterhaltung nicht und wurde darüber bestürzt.

אמר לפניו: רבש"ע, הראהו לי, אמר לו: חזור לאחורך. הלך וישב בסוף שמונה שורות,
ולא היה יודע מה הן אומרים, תשש כחו.

Mose dreht sich also um und wird in die Zukunft versetzt, in das erste Jahrhundert n. Chr. Er sitzt nun hinter der achten Reihe der Schulbänke im Lehrhaus des Rabbi Akiba – also in den Schulbänken der Anfänger, der Schüler, die sich noch nicht an der Diskussion beteiligen können – und versteht nichts von den gelehrten Erklärungen.

Alsdann gelangte er zur Sache, und seine Schüler fragten ihn, woher er dies wisse; [es wird also eifrig Gesetzesexegese betrieben und alles aus dem Wortlaut der Tora begründet und belegt, doch als sie zur Sache, also zur Grundlage dieser Auslegung kamen, fragten die Schüler, woher -Rabbi Akiba dies wisse, da dies sich doch nicht aus dem Text der Tora ergebe – S.G.] da erwiderte er ihnen, dies sei eine dem Mošeh am Sinaj überlieferte Lehre [es handelt sich also hier nicht um Auslegung, sondern um eine von Generation zu Generation überlieferte Lehre, die ursprünglich auf Mose zurückgeht, welcher diese Lehre von Gott auf dem Berg Sinai erhielt – S.G.]. Da wurde er [Mose] beruhigt. [Mose verstand also nichts was im Lehrhaus über die Toraauslegung gelehrt wurde, was ihn in große Bestürzung brachte, doch war beruhigt, als man sich auf ihn berufen hatte, obwohl er davon eigentlich keine Ahnung hatte – S.G.]. Hierauf kehrte er um, trat vor den Heiligen, gesegnet sei er, und sprach vor ihm: Herr der Welt, du hast einen solchen Mann, und verleihst die Gesetzlehre durch mich! [Mose bewundert also diesen höchst kreativen Rabbi Akiba, der die Tora so kreativ auslegt, dass Mose sie nicht wiedererkennt. Mose fragt verwundert: Du hast einen solchen Mann, und verleihst die Gesetzlehre durch mich! Mit anderen Worten: Dieser kreativ erfinderische pharisäischer Gesetzeslehrer Rabbi Akiba ist doch mir, dem Propheten, der die Tora von Gott getreu überliefert, unendlich überlegen. – S.G.]. Er erwiderte: Schweig, so kam es mir in den Sinn. Hierauf sprach er vor ihm: Herr der Welt, du hast mir seine Gesetzes-kunde gezeigt, zeige mir auch seinen Lohn. Er sprach: Dreh dich um. Da drehte er sich um [also wieder ein Sprung in die Zukunft zu Rabbi Akiba, welcher von den Römern getötet wurde – S.G.] und sah dessen Fleisch auf der Fleischbank wiegen [Rabbi Akibas Leichnam wird gewogen und als Fleisch für die Fütterung von Raubtieren verkauft – S.G.]. Da sprach er vor ihm: Herr der Welt, das ist die Gesetzeslehre und das ist ihr Lohn!? Er erwiderte: Schweig, so kam es mir in den Sinn.

כיון שהגיע לדבר אחד, אמרו לו תלמידיו: רבי, מנין לך? אמר להן: הלכה למשה מסיני, נתיישבה דעתו. חזר ובא לפני הקב"ה, אמר לפניו: רבונו של עולם, יש לך אדם כזה ואתה נותן תורה על ידי? אמר לו: שתוק, כך עלה במחשבה לפני. אמר לפניו: רבונו של עולם, הראיתני תורתו, הראני שכרו?! אמר לו: חזור [לאחורך]. חזר לאחוריו, ראה ששוקלין בשרו במקולין, אמר לפניו: רבש"ע, זו תורה וזו שכרה? א"ל: שתוק, כך עלה במחשבה לפני.

5. Fazit

Die Welt des Talmuds ist die Gedankenwelt, in der Benno Jacob aufgewachsen ist. Das Gesetz war ihm der Ort, an dem sich Willen und Forderung Gottes offenbaren und wo der Ausleger mit seiner Vernunft Gott entgegentritt und ihm begegnet. Zwar würdigte auch Julius Wellhausen die historisch-kulturelle Leistung, die hinter den alttestamentlichen Gesetzen stand. Aber für ihn verblasste das Gesetz im Angesicht des ihm – aus seiner Sicht – vorausgehenden freien Geistes der Individualität, Unmittelbarkeit der Offenbarung und Freiheit der Propheten. Zudem kannte er die Gedankenwelt des Talmuds nach eigener Aussage zu wenig – er kenne „die außerbiblische jüdische Literatur nur, soweit sie griechisch ist und da auch nur lückenhaft"[50]. Anders als Julius Wellhausen verstand sich Benno Jacob nicht als Historiker, sondern als Exeget. Neben altorientalischen Parallelen für die Texte hatte er aus der jüdischen Tradition kommend auch ein Auge für die Symbolsprache der Gesetze. In den Texten des Pentateuchs suchte er vor allem die pädagogische Absicht der Schriften, die das geoffenbarte Gesetz zur „magna charta für Menschenwürde und Völkerglück"[51] machte.

Die zitierten Passagen aus dem rabbinischen Schrifttum machen deutlich, dass die Weisen des Talmuds – ebenso wie Benno Jacob – und ihre Auslegung des Gesetzes gar nicht so versteinert und gar nicht so phantasielos waren, wie Julius Wellhausen meinte. Die rabbinische Gesetzesauslegung kann auch sehr kreativ sein. Es gibt zwar in dieser Welt des Judentums keine Prophetie und keine Wunder mehr, und wenn es sie noch gibt, werden sie nicht mehr beachtet. Aber Gott ist diesen

---

50 Brief an Theodor Nöldeke, 24.10.1915, zitiert aus Smend, „Wellhausen", 256; siehe dort für eine Einschätzung inwiefern Julius Wellhausen mit den rabbinischen Schriften vertraut war.
51 Jacob, *Thora*.

Leuten dennoch sehr gegenwärtig. Was die Kritik Julius Wellhausens an jüdischen Toragelehrten angeht, dass sie kein Verständnis für das Wirken Gottes in der Welt hätten – das geben die Toragelehrten eigentlich ganz offen zu! Sie können nach der Zerstörung des Tempels durch die Römer Gottes Wirken in der Geschichte trotz vielen Erklärungsversuchen nicht wirklich verstehen. Gott erklärt es ihnen nicht, er antwortet auch nicht auf Moses Fragen, sondern sagt: „Schweig, so kam es mir in den Sinn!" Die Toragelehrten begnügten sich hier also mit einem bescheidenen aber bewusst thematisierten *ignoramus ignorabimus*. Die Rabbinen beschäftigen sich weniger mit Theologie als mit Anthropologie, weniger mit Glauben als mit konkreten Taten, um das Gemeinwesen dieses Volkes nach der großen Katastrophe wiederaufzubauen. Mit den Worten Erich Kästners war ihre Devise: „Es gibt nichts Gutes außer man tut es!"

www.ingramcontent.com/pod-product-compliance
Lightning Source LLC
Chambersburg PA
CBHW071957240426
43669CB00049B/2720